Ohne einzelne Namen zu nennen, möchte ich mich für folgende Dinge bedanken (jeder wird wissen, wenn er gemeint ist):
Für jede Unterstützung, für das Interesse, für die Achtung meiner Arbeit, für die Motivation, für jegliche Art der Förderung und besonders bei den vielen Kindern für ihre ehrliche Begeisterung.
Meinem Lektor bin ich für eine angenehme und effektive Zusammenarbeit dankbar.
Dem Verlag an der ESTE verdanke ich den großen Erfolg meines ersten Buches und den dadurch gewonnen Mut, weitere Projekte anzugehen.
Doris Thomas

Die Autorin

Doris Thomas, geboren 1966, hat bereits mehrfach Wale in Freiheit beobachtet. Mit ihren Büchern will sie den Lesern die faszinierende Welt der Wale näher bringen und auf unterhaltsame Art Fachwissen vermitteln.
Doris Thomas lebt mit ihrer Familie in Pfaffenhofen a. d. Ilm.
Ihr erstes Buch: „Zabu – Die Abenteuer eines jungen Schwertwals“ war ein großer Erfolg. Im Moment arbeitet die Autorin an einem Fantasieroman für Jugendliche mit dem Thema: Orcas.
http://www.zabu.homepage.t-online.de

Doris Thomas

Zabu

Ein Schwertwal sucht das Unbekannte

Mit Illustrationen
der Autorin

Verlag an der
ESTE

In neuer Rechtschreibung
Originalausgabe

1. Auflage

Umschlaggestaltung: Verlag an der ESTE GmbH nach einer Idee von Maximilian Thomas, unter Verwendung der Bilder von Doris Thomas
Herstellung: Ebner & Spiegel, Ulm
ISBN 3-926616-90-3
www.LeseLand.de

Inhaltsverzeichnis

Die Reise beginnt

Seit einigen Tagen war das Meer sehr ruhig. Der Wind wehte kaum und nur kleine Wellen bewegten die Wasseroberfläche. Zabu schwamm mit seiner Familie in einer kleinen Bucht. Sie schwammen, weil sie im Wasser lebten. Sie waren Schwertwale. Mächtige große Säugetiere, die ihr ganzes Leben im Wasser verbringen und doch zum Atmen an die Oberfläche kommen müssen. Zabu war der erste Sohn von Mira, der Anführerin. Er lebte seit seiner Geburt mit ihr und anderen engen Verwandten. Zabu hatte zwei jüngere Geschwister; seine Familie bestand insgesamt aus 17 Schwertwalen.

Viele Jahre waren vergangen, seit Zabu einmal von seiner Familie getrennt worden war. Damals hatte er sie erst nach einigen aufregenden Abenteuern wiedergefunden. Jetzt war er erwachsen. Er war groß, stark und seine Rückenflosse ragte inzwischen fast zwei Meter aus dem Wasser. Wenn die Sonnenstrahlen auf seine nasse schwarze Haut fielen, schimmerte die Flosse wie das riesige Schwert eines Ritters. Daher hatten die Wale auch ihren Namen, Schwertwale. Aber nur bei den ausgewachsenen Männchen wird die Flosse so beeindruckend groß. Bei den weiblichen Schwertwalen bleibt sie kleiner und ist wie eine Sichel geschwungen.

Zabu war das älteste und größte Männchen in der Familie. Für ihn wurde es langsam Zeit, sich für eine Weile von seiner Mutter zu trennen und eigene Wege zu gehen. Das war bei den Schwertwalen eine alte Tradition. War ein männlicher Schwertwal erwachsen, zog er eine Zeit lang allein umher und besuchte die anderen Schwertwalgruppen. Zabu hatte keine Angst davor, denn er hatte damals bei seiner abenteuerlichen Reise gelernt, wie schnell man neue Freunde findet. In der Zeit, als er von seiner Familie getrennt war, lernte er sogar einige andere Walarten kennen und freundete sich mit ihnen an.

So war es für Zabu ein schöner Tag, als er sich von seiner Mutter und den anderen verabschiedete, um der ruhigen Bucht den Rücken zu kehren. Mira sah ihm lange nach. Sie war nicht traurig oder besorgt, obwohl Zabu den Schutz der Familie verließ. Da Schwertwale keine natürlichen Feinde im Meer zu fürchten haben, würde ihrem Sohn ganz sicher nichts passieren. Nur die Menschen stellen eine Gefahr für Schwertwale dar. Doch Zabu hatte gelernt, ihnen aus dem Weg zu gehen.

Es war die Sehnsucht nach alten Freunden und neuen Abenteuern, die Zabu in die Ferne lockte. Mit kräftigen Auf- und Abwärtsbewegungen seiner Schwanzflosse trieb er sich an und schoss schnell wie ein Motorboot durch das Wasser. Nichts konnte Zabu jetzt mehr aufhalten.

Gefahr im Eis

Zabu schwamm einige Tage nach Norden. Das Wasser um ihn herum wurde während seiner Reise ständig kälter. Zabu hoffte, dass er in dieser Gegend vielleicht seinen lustigen Freund Gal treffen könnte. Diesmal wollte er aber aufpassen, dass der Beluga ihn mit seinem gespenstisch weißen Aussehen nicht wieder hereinlegen würde. Aufmerksam lauschte er den Geräuschen des Meeres. Hier war es niemals leise. Es gab viele unterschiedliche Dinge zu hören. Natürliche Geräusche, wie das Rauschen der Brandung an einer Küste, oder das entfernte Grollen von Vulkanen. Verschiedene Laute, die Fische unter Wasser erzeugen und auch das gelegentliche Zischen von Unter-Wasser-Strömungen. Dann gab es auch unnatürliche Geräusche. Dazu gehörten das Dröhnen der Motoren von zahlreichen Booten und Frachtern, das Sausen von Schiffsschrauben oder das Knallen in der Nähe von Ölplattformen. Dieser unangenehme und manchmal schmerzhafte Krach wurde von Menschen erzeugt.

Von den vielen Informationen, die Zabus empfindliche Ohren durch eine winzige Öffnung an jeder Kopfseite erreichten, waren nur zwei wichtig. Das Geräusch seiner Beute, mittelgroßen Fischen, und die Töne anderer Wale. In diesem Moment lauschte er nach ganz speziellen Walstimmen, nämlich nach den Pfiffen der Belugas.

Das Wasser wurde nun noch kälter und die auf der Oberfläche treibenden Eisschollen wurden ständig größer. Leise waren jetzt die zwitschernden Töne der weißen Wale zu hören. Bald würde er vielleicht seinen Freund Gal wiedersehen. Zabu hoffte, dass die Belugas nicht mehr weit weg waren. Allmählich schoben sich nämlich die einzelnen Eisschollen zu großen Flächen zusammen. Von Minute zu Minute wurde es schwieriger, einen Ort zum Auftauchen zu finden. Die Pfiffe der Belugas wurden lauter. Aber es waren nicht die üblichen fröhlichen Rufe der stets gut gelaunten weißen Wale. Es klang ängstlich und aufgeregt. Er schwamm schnell zu ihnen und erkannte sofort, dass es keine Zeit für eine lange Begrüßung gab.

„Was ist los bei euch? Wo ist Gal? Was ist passiert?“, rief er den kreischenden Belugas zu. Die waren völlig verzweifelt und redeten alle durcheinander. „Gals Sohn...“ „...im Eis!“ „eingeklemmt...“ „Gal schafft es nicht...!“ Obwohl die Belugas keinen verständlichen Satz zustande gebracht hatten, begriff Zabu. Da hörte er von weit unter einer riesigen Eisplatte zwei verzweifelte Stimmen. Die eine war die kraftlos klingende Stimme von Gal und die andere war eine helle Stimme eines jungen Wals. Dieser schrie voller Panik und Schmerzen.

Zabu durfte keine Sekunde verlieren. Er holte tief Luft und schwamm so schnell er konnte unter die geschlossene Eisdecke. Schon bald sah er Gal, der mit aller Kraft versuchte, von unten die eisige Platte über ihm zu zerstoßen. Neben ihm hing der Körper seines Sohnes herunter, der im Eis eingeklemmt war. Sein Kopf ragte aus dem Wasser, so konnte er wenigstens atmen. Gal war bereits sehr schwach. Für

ihn war es allerhöchste Zeit, Luft zu holen. Er wollte aber seinen Sohn nicht allein lassen. Ohne Hilfe müsste der Kleine sterben. Er würde von den Eismassen zerquetscht werden. Ohne Luft würde jedoch Gal bald ersticken. „Gal... Gal... schwimm zurück! Ich helfe! Ich helfe! Schwimm!“. Zabu schrie Gal an, der die Worte seines alten Freundes kaum noch hören konnte. Mit letzter Kraft rettete der sich zu den anderen Walen und schwamm erschöpft und halb ohnmächtig an der Wasseroberfläche.

Zabu untersuchte das Eis um den eingeklemmten Wal herum. Er musste schnell etwas unternehmen, um den kleinen Beluga noch retten zu können. Zabu setzte alle seine Sinne ein. Dabei benutzte er auch die Klicklaute, mit denen Zahnwale ihre Umgebung erkunden. Er sandte besondere Töne in kurzen Abständen aus. Wie ein Echo kamen diese Töne vom Eis zu ihm zurück. Auch die kleinste Veränderung dieser Erkundungstöne vermittelte Zabu wichtige Informationen über die Form und Beschaffenheit des Eises. Irgendwo musste es eine Schwachstelle geben: Einen Riss, eine dünnere Schicht. „Bleib ruhig, kleiner Beluga, ich helfe dir. Bleib ganz ruhig!" Zabu hatte mit seinen Klicks eine Stelle in der Eisdecke gefunden, die etwas dünner zu sein schien. Er holte Schwung und rammte mit einem lauten Krach das Eis. Risse entstanden, und für einen Moment lockerten sich die verkeilten Eisschollen.

„Jetzt!" brüllte Zabu und stupste vorsichtig die Schwanzflosse des eingeklemmten Wals. Der junge Beluga zappelte und schließlich kam er frei. Der bräunlich schimmernde Körper des jungen Belugas glitt in das Wasser zurück. Zabu umfasste den Kleinen sanft mit seiner Brustflosse, um zu verhindern, dass er in seiner Aufregung wieder nach oben zwischen die Eisschollen schwamm. Dann forderte er ihn auf, in Richtung der anderen Wale zu schwimmen.

Außer ein paar Kratzern hatte Gals Sohn keinerlei Verletzungen. Zabu brannte die abgeschürfte Haut ein wenig, aber was war das schon gegen ein gerettetes Walkind; das Kind seines Freundes. „Papa... Papa...", jauchzte der Kleine und schmiegte sich an Gal.

„Mein Sohn... du bist frei! Danke Zabu. Du bist genau im richtigen Moment gekommen. Was bist du stark geworden, mein Freund.“ Gal bedankte sich mit einer Reihe von wundervoll geformten Luftblasen bei Zabu. Dazu schwamm der Beluga eine besondere Figur, um die nötige Wasserströmung zu erzeugen. Dann zauberte er mit den Luftblasen aus seinem Blasloch kunstvolle Ringe. „Bleib eine Weile bei uns, Zabu!“, lud er ihn schließlich ein.

Der lange Zahn der Narwale

Zabu verbrachte einige Tage bei den Belugas. Die jungen Wale neckten ihn, wie er es von den weißen Walen gewohnt war, aber die alten Tiere hatten sehr viel Respekt. Der Schwertwal war für sie ein Held. Dann kam für Zabu ein besonderer Tag. Die Belugas wollten mit einer anderen Walart zusammen jagen. Das taten sie sehr häufig. Zabu staunte, als er die Narwale das erste Mal zu Gesicht bekam. Die Gruppe bestand aus fünf männlichen Tieren.

„Was haben die denn da vorne?“, fragte er Gal, während er das Horn am Kopf der Narwale musterte. „Das ist ihr vorderer Zahn“, erklärte Gal.

Zabu war verwirrt: „Ein Zahn? Wofür soll der denn gut sein? Sie könnten damit zwar Fische aufspießen, aber an die kämen sie nie wieder heran.“ Gal musste lachen: „Ich stelle mir das gerade vor. Da hätten sie den Fisch direkt vor der Nase und könnten ihn nicht fressen. Aber

mal im Ernst, sie wollen mit dem Zahn nur bei den Weibchen angeben. Die finden das Ding nämlich ganz toll." „Sieh nur, wie sie den Zahn aus dem Wasser recken." Kripach und Kritsch, zwei der eingebildetsten Narwale, streckten gerade ihre Zähne aus dem Wasser ans Sonnenlicht. Ihr Zahn war halb so groß wie der Rest ihres Körpers. Zahn und Körper eines Narwals sind zusammen fast so lang wie ein ausgewachsener Schwertwal.

„Sieh an, ein Schwertwal“, bemerkte Kritsch, als er an Zabu vorbeischwamm. „Er wird doch wohl nicht bei uns bleiben, oder?“, fragte Kripach und wackelte mit seinem Zahn. Dann wandte er sich an Gal: „Wie seid ihr denn zu diesem Ungetüm gekommen? Am Ende wird er noch mit seiner Rückenflosse ans Eis stoßen. Und diese Hautfarbe, ...einfach hässlich!“ Gal wurde verlegen. „Zabu, sei nicht böse. Die sind echt blöd die beiden. Narwale sind halt so. Aber jagen können sie sehr gut.“

Zabu ging das Verhalten von Kripach und seinem Freund auf die Nerven. Wie konnten sie es wagen, sich so unverschämt zu benehmen. Der Schwertwal nahm Schwung und schoss auf die beiden Narwale zu. Die rissen entsetzt die Augen auf. Erst kurz vor dem Zusammenstoß drehte Zabu ab. Die Narwale trudelten im Sog seiner mächtigen Schwanzflosse.

Von da an waren die Narwale kleinlauter und vermieden während der nächsten Stunden, Zabu allzu nahe zu kommen. Den Tag verbrachten sie mit der Jagd nach Fischen. Kripach und Kritsch erwiesen sich als gute Jäger, obwohl sie diese langen Zähne vor sich herschoben. Zabu war erstaunt über ihre Wendigkeit. Ihm wurde klar, warum die Belugas mit den Narwalen jagten, obwohl man diese Angeber kaum ertragen konnte.

Als alle Wale satt und zufrieden waren, spielten die Narwale vergnügt miteinander. Kripach und Kritsch kreuzten dabei ihre langen Zähne und es sah beinahe so aus, als würden sie kämpfen. Dabei achteten sie aber genau darauf, dass ihre Zähne nicht zusammenstießen. Sie hätten viel zu leicht abbrechen können.

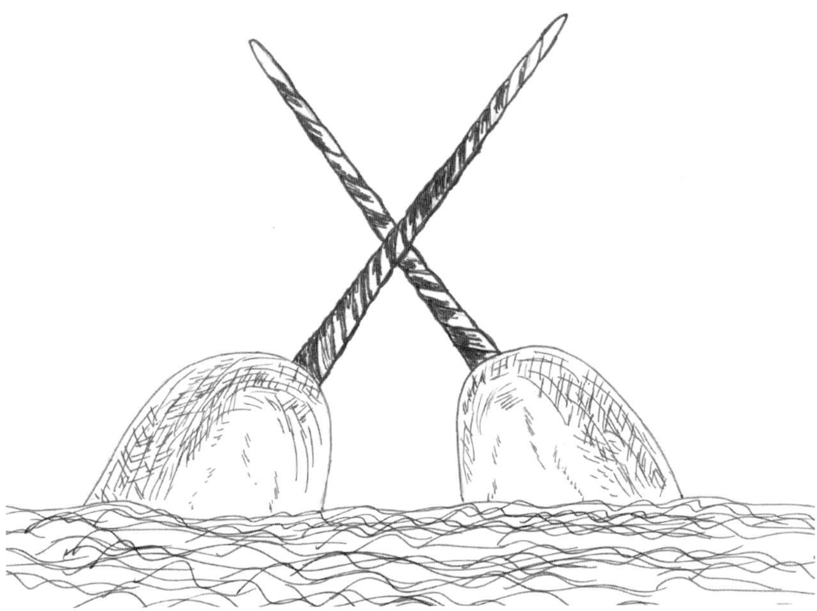

Das wollten die Narwale auf keinen Fall riskieren. Womit hätten sie denn sonst noch angeben können?

Nachdem auch Zabu zusammen mit den Belugas ausgiebig getobt hatte, verabschiedete er sich von Gal und den anderen und zog weiter.

Die geheimnisvolle Bucht

Zabu schlug den Weg in wärmere Gewässer ein. Dort würde er noch mehr Wale treffen, das wusste er.

Nach einigen Tagen war er wieder nahe an der Küste und konnte die Brandung hören. Muscheln zersplitterten jedes Mal, wenn sie von einer Welle gegen die Felsen geschlagen wurden. Es war ein ständiges Rauschen und Knirschen. Die steile Küste wurde durch Buchten unterbrochen, die weit ins Land hineinreichten. Hinter den schmalen Eingängen verbargen sich geheimnisvolle Meeresarme. Neugierig wollte Zabu sie erforschen. Er steuerte in einen besonders interessant wirkenden Meeresarm hinein.

Tatsächlich gab es dort für ihn sehr viel Neues zu sehen. Zum ersten Mal konnte Zabu einen Bären beobachten. Der lief am Ufer entlang. Als sich ihre Blicke trafen, erkannte

Zabu in den Augen des Bären eine Vertrautheit. Der Bär und er hatten etwas gemeinsam: sie waren wild und ungezähmt. Aber die Gestalt eines Bären unterscheidet sich sehr von der eines Wales. Grund hierfür ist die unterschiedliche Art der Fortbewegung. Während sich ein Wal im Wasser durch seinen kräftigen Schwanz antreibt, muss ein Bär auf vier Beinen laufen. Zabu beobachtete jede Einzelheit. Das schwarze Fell des Bären schimmerte in der Sonne und als er sich nach einem Bad schüttelte, glitzerte die Luft um ihn herum vor lauter Wassertröpfchen. Zabu erinnerte das an das Glitzern des Blases, wenn die Wale ausatmen und die verbrauchte Luft zusammen mit Millionen von Wassertröpfchen aus dem Blasloch emporschießt.

Zabu sah einen großen Adler mit einem weißen Kopf, der majestätisch über das Wasser segelte. Ein paar kleine Robben flüchteten schnell an Land, als sie Zabu kommen sahen. Sie konnten ja nicht wissen, dass Zabu noch nie eine Robbe gefressen hatte. Es gab Schwertwale, die Robben jagten, aber so lange er denken konnte, fing seine Familie nur Fische.

Neben den fremden Geräuschen des Waldes konnte Zabu auch im Wasser Seltsames hören. Es klang, als würde etwas über den Meeresboden schlurfen. Das musste er sich aus der Nähe ansehen. Am Ursprung des merkwürdigen Geräusches angekommen, konnte er mit seinen Augen nichts mehr erkennen.

Das Wasser war aufgewühlt und bestand nur aus einer einzigen Schlammwolke. Er setzte schließlich wieder seine Klicklaute ein. Sie durchdrangen den Schlamm und warfen von dem Gegenstand, der seinen Augen verborgen blieb, ein Echo zurück.

Mitten in der Schlammwolke schrubbte ein großer Wal über den Boden. Wofür das wohl gut war? „Hey, du!“, rief ihm Zabu zu. „Was machst du da?“ „Jam....jam....hmmm....jam!“ kam die schmatzende Antwort. „Köstlich... jam.....lecker....“ Dann hörte Zabu ein Glucksen und wusste, dass der Wal gerade geschluckt hatte. „Ah, war das ein Festschmaus! Findest du nicht auch, dass hier die Krebse und Würmer besonders gut schmecken?“ „Ähm, na ja“, erwiderte Zabu etwas angeekelt, „Krebse und Würmer sind nicht gerade nach meinem Geschmack. Wie ich sehe, bist du ein Bartenwal. Du hast keine Zähne, sondern nur Hornplatten im Maul. Das kenne ich von den Buckelwalen und den Blauwalen. Du filterst damit dein Futter aus dem Wasser, stimmt‘s? Ich habe aber noch nie gesehen, dass ein Bartenwal den Schlamm auf dem Meeresboden filtert. Wie nennt man die Walart, zu der du gehörst?"

Da schwamm der große Wal gemächlich aus der Schlammwolke heraus. „Und? Was meinst du?", fragte er Zabu, „wie sehe ich denn aus?" „Grau!" bemerkte der Schwertwal. „Irgendwie grau. Jetzt sag bloß nicht, du bist ein Grauwal!" „Stimmt aber! Ich bin ein Grauwal. Wir sind die einzigen Bartenwale, die am Boden fressen. Dabei lege ich mich auf die rechte Seite und durchpflüge den Schlamm nach

Beute. Darin finde ich dann ganz herrliche Leckerbissen." „Aber du wirbelst eine Menge Dreck dabei auf...hihi.", kicherte Zabu. „Wie heißt du?" wollte er von dem Grauwal schließlich wissen. „Ich heiße Rifano, und du?" Zabu stellte sich ebenfalls vor, erzählte von seiner Familie und von seiner Suche nach alten Freunden. Rifano hörte aufmerksam zu. „In ein paar Tagen werde ich die Bucht verlassen. Wenn du magst, kannst du mich ja begleiten. An dem Ort, wo ich mit meinen Verwandten wie jedes Jahr verabredet bin, ist es herrlich warm."

Zabu überlegte kurz. Weil er kein festes Ziel für seine Reise hatte, konnte er genauso gut mit Rifano schwimmen. Während der Grauwal sich weiter den Bauch vollschlug, erkundete Zabu die Bucht.

Plötzlich hörte er Rifano rufen: „Komm mal! Sieh doch, da am Ufer stehen Menschen!". Zabu schwamm neugierig zu Rifano zurück. Es waren viele Jahre vergangen, seit er einen Mensch aus der Nähe gesehen hatte. Ihm war klar, dass er vorsichtig sein musste. Erst letztes Jahr wurde ein Schwertwal aus einer befreundeten Familie von Menschen verletzt. Damals hatten Fischer mit Gewehren auf Wale geschossen. Zabu beobachtete die Gestalten an Land. Er konnte zwei Menschen erkennen. Sie hielten sich abwechselnd zwei verschiedene Gegenstände vor das Gesicht. Zabu wusste natürlich nicht, dass es ein Fernglas und eine Kamera waren. Er merkte aber, dass davon keine Gefahr ausging. Zabu spürte jedes Mal die Freude der beiden Menschen, wenn er sich weiter aus dem Wasser stupste, um sie anzusehen. Aber was war der Grund für ihre Begeisterung?

Zabu erinnerte sich an den Jungen, den er bei seiner ersten Reise kennengelernt hatte und der sich so sehr über Zabus Sprünge gefreut hatte. Es gab also einige Menschen, die froh waren, wenn sie Wale sahen. Und je mehr sie zu sehen bekamen, umso glücklicher waren sie. „Rifano, komm, wir zeigen den Menschen mal, was wir können!“ Der Schwertwal sprang hoch aus dem Wasser. Als er wieder eintauchte, spritzte das Wasser meterhoch nach allen Seiten. Die Menschen klatschten in die Hände und lachten. Rifano mochte die Menschen und wollte ihnen ebenfalls etwas zeigen. Er vollführte einen Unterwassertanz, bei dem er abwechselnd eine Brustflosse aus dem Wasser hielt. Dann wedelte er mit der Schwanzflosse, der Fluke. Sowohl die Menschen, als auch die Wale hatten ihren Spaß an dieser Vorführung.

Am Abend waren Zabu und Rifano wieder allein. Die Wale unterhielten sich noch eine Weile über die Menschen. Beide Wale hatten sehr unterschiedliche Dinge mit den zweibeinigen Wesen erlebt. Jetzt merkte Zabu erst, wie neugierig der Grauwal war. Rifano schien zu vielen Booten zu schwimmen und die Menschen zu beobachten. Dort, wo die Grauwale sich in warmen Gewässern trafen, ließen sie sich sogar oft von Menschen anfassen. Das war für Zabu sehr interessant. Ein Grund mehr, Rifano zu begleiten. In der Dunkelheit der Nacht dachte der Schwertwal noch viel darüber nach, wie unterschiedlich sich die Menschen den Walen gegenüber verhielten.

Der Sturm

Am nächsten Tag ging die Reise zu Rifanos Familie los.

Das Wetter wurde deutlich schlechter. Am Himmel zogen dunkle Wolken auf und der Wind wurde stärker. Dann begann es zu regnen. Die Wellen schlugen über Zabu und Rifano zusammen. Der Regen prasselte auf das Wasser und stürmischer Wind peitschte die See. Für die Wale war dieses Wetter kein Problem. Sie tauchten dann einfach seltener zum Luftholen auf. Unter Wasser war es längst nicht so wild wie an der Oberfläche. Die Strömung war allerdings stärker als gewöhnlich, und das Jaulen des Sturmes über ihnen übertrug sich bis tief in das Meer hinein.

Zabu hörte plötzlich ein Geräusch, das nicht hierher gehörte; und schon gar nicht bei diesem stürmischen Wetter. Es war ein Fischerboot, das über ihnen gegen die inzwischen haushohen Wellen kämpfte. Es wirkte winzig und

hilflos. Das kleine Boot wurde wie ein Spielzeug hin und her geworfen. Die Menschen, die sich im Unwetter aufs Meer hinausgewagt hatten, schwebten in Lebensgefahr.

Da passierte es. Etwas fiel aus dem Boot und platschte ins Wasser. Zabu schwamm schnell näher heran, während Rifano unbeirrt weiterschwamm. Der Schwertwal erschrak, als er erkannte, was über Bord gegangen war. Ein Mensch zappelte im Wasser.

„Rifano, komm, wir müssen ihm helfen!“, rief Zabu dem Grauwal zu. Aber der knurrte nur zurück: „Nein, nein. Ich muss weiterziehen! Ich darf mich nicht aufhalten lassen!“ Zabu wunderte sich sehr über Rifano. Wie konnte es ihm gleichgültig sein, wenn ein anderes Lebewesen in Not war? Aber der Grauwal hatte keine Wahl. Eine innere Stimme, sein Instinkt, trieb ihn an und er konnte nicht anders. Es war für ihn überlebenswichtig, dass er rechtzeitig in den warmen Gewässern ankam. Er durfte seine Verwandten auf keinen Fall verpassen. Zum Diskutieren war keine Zeit.

Zabu wandte sich von dem Grauwal ab und ließ ihn allein weiterziehen. Schnell schwamm er dem Boot hinterher und sah einen Mann verzweifelt um sein Leben strampeln. Ohne Hilfe hatte dieser keine Chance. Die Wellen hoben und senkten das kleine Fischerboot wie eine Nussschale und trieben es ständig weiter von dem Mann weg. Die Männer auf dem Boot schrien gegen den Sturm an. Sie konnten ihren Kameraden aber mit den Händen nicht erreichen. Hektisch torkelten sie an das Ende des schwankenden Fischkutters und schnappten sich einen Rettungsring. Dabei rutschte einer der Männer aus und konnte sich gerade noch an der Reling festhalten. Ein anderer warf den Rettungsring, der an einer langen Leine befestigt war, so weit er konnte ins Wasser. Aber das Meer war viel zu wild. Der Ring flog nicht weit genug. Die Lage war

hoffnungslos! Der Wind peitschte das Wasser. Die meterhohen Wellen rissen den Fischer mit sich. Die Entfernung zum Boot wurde immer größer. Ohne Hoffnung auf Hilfe zappelte er in den stürmischen Fluten. Es dauerte nicht lange, da verließen ihn die Kräfte.

Zabu zögerte nicht und schob sich vorsichtig unter den entkräfteten Körper. So konnte der Mann nicht untergehen. Der Fischer keuchte und japste nach Luft. Dabei merkte er nicht einmal, dass ihn ein Wal Huckepack genommen hatte. Zabu stupste den Mann langsam zu seinem Boot. Als sie es erreicht hatten, zerrten die Fischer den völlig erschöpften Mann an Bord. Sie erkannten den schwarzen riesigen Körper von Zabu in der Hektik und der aufgewühlten See nicht. Der Fischer war in Sicherheit. Zabu begleitete das Boot durch das Unwetter. Er wollte sicher sein, dass so etwas nicht noch einmal passieren würde. Stundenlang kämpften sich die Fischer noch durch den Sturm, aber es ging niemand mehr über Bord.

Nach einem halben Tag legte sich der Wind, und der Regen ließ nach. Als Zabu sah, dass das Fischerboot wieder in Richtung Küste steuern konnte, war er erleichtert. Die Menschen würden nun sicher in ihren Hafen zurückkehren. Zabu verließ das Fischerboot und drehte nach Süden ab.

Ein alter Freund

Nach einigen Tagen erreichte er ein Gebiet, wo das Wasser glasklar war. Hier erhellten die Sonnenstrahlen das Meer bis in eine Tiefe, die in Zabus Heimatgewässern bereits stockdunkel war. Das Licht färbte das Wasser manchmal grün, ein anderes Mal türkis und gelegentlich stahlblau. Zabu fühlte sich wohl. Er verbrachte den Tag mit Faulenzen und Herumtollen. Als es Abend wurde, sah er plötzlich eine Gestalt elegant aus dem Wasser springen. Die tief stehende Sonne blendete ihn. Doch obwohl er deshalb nur die schwarzen Umrisse sah, wusste er sofort, dass es Jasch war. Jasch, der Delfin, sein alter Freund.

Begeistert schwammen die beiden Freunde aufeinander zu. Sie stellten ihre Körper hoch im Wasser auf und zeigten sich gegenseitig ihre Bäuche. Auf die gleiche Art hatten sie sich vor vielen Jahren voneinander verabschiedet.

Noch immer waren sie Freunde, und das wollten sie sich gegenseitig damit zeigen. Übermütig schwammen sie anschließend umeinander herum. Jasch war erstaunt, wie groß der Schwertwal inzwischen geworden war. Obwohl auch der Delfin gewachsen war, maß Zabu nun die doppelte Länge von Jasch. „Schön, dich wiederzusehen!“ jubelte Zabu und dann sagten beide wie aus einem Mund: „Ich habe dich vermisst!“.

Die ganze Nacht hindurch erzählten sie einander, wie es ihnen in den letzten Jahren ergangen war. Jeder hatte schöne, traurige, spannende und lustige Dinge erlebt. Sie hörten sich zu, lachten viel und atmeten dabei immer gleichzeitig. Es war ein schönes Zusammensein, erfüllt von alter Freundschaft. Bei Sonnenaufgang gingen sie gemeinsam auf die Jagd. Danach ruhten sie sich aus und holten den versäumten Schlaf nach.

Als es fast Mittag war, machte Jasch einen Vorschlag: „Soll ich dir mal zeigen, welche Tiere hier in diesem klaren Wasser leben? So etwas hast du bestimmt noch nicht gesehen, wenn du sonst im kühleren Norden lebst. Hier gibt es Formen und Farben, so schön kannst du sie dir gar nicht vorstellen." Zabu war wie immer sehr neugierig und erwiderte begeistert: „Na klar! Das musst du mir unbedingt zeigen!"

Der Delfin schwamm voraus. Der Schwertwal holte ihn jedoch leicht wieder ein. Jasch war überrascht, wie schnell sein Freund geworden war. Einträchtig schwammen sie nebeneinander. Wie mit unsichtbaren Fäden verbunden, machten sie gleichzeitig jede Richtungsänderung und tauchten zum Luft holen auf. Allerdings musste Jasch seine Schwanzflosse genau doppelt so oft auf- und abbewegen, um den gleichen Schwung wie Zabu zu bekommen.

Schließlich waren sie am Ziel. Hier war das Wasser flach und die Sonnenstrahlen fielen bis auf den Meeresgrund. Unter ihnen erstreckte sich ein Korallenriff. Zabu machte große Augen. „Diese Farben. Stark!" konnte er bloß immer wieder sagen. Der Delfin wollte Zabu am liebsten alles auf einmal zeigen: „Schau mal dort! Guck mal da drüben! Hast du das hier schon gesehen?" Zabu wusste nicht, wo er zuerst hinschauen sollte. Da gab es Tiere, die wie Pflanzen aussahen. Das waren Korallen. Es gab Krebse in jeder Größe und Fische, die in so vielen Farben leuchteten, dass ihm ganz schwindelig wurde. „Stark!", sagte er wieder und musste sich ständig umdrehen, weil er Angst hatte, etwas zu verpassen.

Rings um die Wale schimmerte es in allen erdenklichen Farben. Die bunten Fische flüchteten nicht, denn sie hatten keine Angst vor Jasch und Zabu. Weil sie als Beute für diese großen Tiere viel zu klein waren, zählten die

Wale nicht zu ihren Feinden. Zabu starrte mit weit aufgerissenen Augen auf das Farbenspiel. Er sah die unterschiedlichsten Formen von Fischen. Lange, kurze, dicke und dünne. Einige mit langen oder kurzen Flossen und andere mit einem spitzen Maul. Die meisten dieser kleinen Fische schwammen ziemlich hektisch hin und her. Nur die Krebse und Seesterne lagen beinahe bewegungslos auf dem Meeresgrund. Es war ein beeindruckendes Schauspiel. Ein gestreifter Rochen schwebte vorbei.

Elegant bewegte er seinen platten Körper in einer Wellenlinie. Ein Tintenfisch wechselte seine Farbe, je nachdem, ob er sich auf einer Koralle oder einem Schwamm niederließ. Direkt vor Zabus Auge tauchte ein Seepferdchen auf. Eine feuerrote Qualle leuchtete weiter oben und Jasch warnte Zabu: „Der darfst du nicht zu nahe kommen. Wenn du sie berührst, brennt das wie verrückt." Aus einer Höhle starrte sie eine bunte Muräne mit ihren großen, Furcht erregenden Augen an.

So vergingen Stunden. Irgendwann wurde Zabu das bunte Treiben zuviel. „Mir ist ganz schwindelig, Jasch, lass uns von hier verschwinden!" bat er den Delfin. Sie schwammen weiter hinaus aufs Meer, wo das Wasser tiefer war. „Na, habe ich dir zuviel versprochen?", fragte Jasch. „Nein, wirklich nicht. Das kann man nur glauben, wenn man es selbst gesehen hat. Fantastisch! Einfach toll!", schwärmte Zabu. „Vielen Dank, Jasch, dass du mir das gezeigt hast. Daran werde ich mich immer erinnern."

Der Schwertwal verbrachte noch einige Tage mit seinem Freund, dem Delfin. Dann zog ihn eine unbekannte Sehnsucht wieder nach Norden. Es war nicht die Sehnsucht nach seiner Familie; oder vielleicht auch ein bisschen. Aber da war noch ein anderes Gefühl. Zabu konnte es sich nicht erklären, was ihn fortzog. Nachdem er sich ausgiebig von Jasch verabschiedet hatte, machte er sich schließlich auf den Weg.

Luna

Zabu schwamm zurück in kältere Gewässer. Das Meer wurde unruhiger und der Wind blies hier etwas stärker. Dieses Gebiet war seiner Heimat sehr ähnlich. Obwohl er sich hier wohl fühlte, war er ruhelos und irgendwie unzufrieden. Aber warum? Was fehlte ihm zu seinem Glück? Er hatte auf seiner Reise zwei alte Freunde getroffen und den Grauwal Rifano kennengelernt. Außerdem hatte er das erste Mal Narwale gesehen und einem Fischer im Sturm das Leben gerettet.

Dann hörte er auf einmal ein Geräusch. In diesem Moment wusste Zabu, dass er genau darauf gewartet hatte. Aus der Ferne hörte er die Stimme eines weiblichen Schwertwals. Sein Herz schlug schneller. „Das" war es! Das war die Ursache für seine Rastlosigkeit. Und das war der eigentliche Grund, warum ihn seine Mutter fortgeschickt hatte. Er sollte ein Weibchen, eine Partnerin finden.

Freundlich rufend schwamm er der Unbekannten entgegen. Wie würde sie aussehen? War sie so schön wie der Klang ihrer Stimme?

Zabus Klicklaute erfassten sie bereits. Aber seine Neugier war erst gestillt, als er sie mit seinen Augen sehen konnte. „Oh... ist die schön!“, dachte er. Das Weibchen hatte wohl ganz ähnliche Gedanken, denn es schwamm um Zabu herum und musterte ihn genau. „Mein Name ist Luna“, sagte sie mit einer

samtweichen Stimme, Zabu war schrecklich aufgeregt. Das wollte er sich aber auf keinen Fall anmerken lassen. „L-u-n-a, was für ein schöner Name.“ Sein Blick fiel auf die elegant geschwungene Rückenflosse des Weibchens. Sie hatte die Form einer Mondsichel. „Ich heiße Zabu!“ hauchte er und ließ sie dabei keine Sekunde aus den Augen. „Wirklich? Ich hatte mir so sehr gewünscht, dass du es bist,“ bemerkte Luna. „Endlich habe ich dich gefunden. Du bist doch der, der mit anderen Walarten spricht, oder?“

„Ja, schon“, antwortete Zabu. „Aber woher weißt du...?“ „Man erzählt viel von dir. Ich wollte dich unbedingt kennenlernen. Deswegen habe ich sogar gegen den Willen meiner Mutter meine Familie verlassen und mich auf die Suche nach dir gemacht. Du bist noch größer, als man es mir beschrieben hat.“ Zabu war reichlich verwirrt, aber er war auch sehr geschmeichelt. Dieses hübsche Weibchen wollte ihn treffen. Ausgerechnet ihn. Zabu freute sich und wollte Luna näher kennenlernen. Darum fragte er sie ohne zu zögern: „Willst du mich begleiten? Ich könnte dir dann etwas über meine Reisen und die anderen Walarten erzählen."

Luna war erleichtert. Die Trennung von ihrer Familie war eine schwierige Entscheidung gewesen. Luna war weit geschwommen und hatte lange nach Zabu gesucht. Jetzt hatte sie ihn gefunden und er wollte, dass sie bei ihm bleibt. Ihre Reise war nicht umsonst gewesen. Luna kicherte und statt ihm zu antworten, schwamm sie an seine Seite.

Die beiden Schwertwale zogen nebeneinander herschwimmend weiter nach Norden. Zabu wollte zurück zu seiner Familie. Ähnlich wie es mit Jasch gewesen war, gab es eine unsichtbare Verbindung zwischen dem Körper von Zabu und dem von Luna. Aber diesmal war es nicht das Band der Freundschaft, wie zwischen dem Schwertwal und dem Delfin. Es war vielmehr das Band einer beginnenden Partnerschaft, wenn sie im völligen Gleichklang auftauchten und ihre Bewegungen genau gleichzeitig ausführten.

Für Zabu und Luna begann eine wunderbare Reise. Beide Schwertwale genossen es, zusammen zu sein. Manchmal unterhielten sie sich stundenlang und dann wieder schwammen sie schweigend nebeneinander und freuten sich über die Anwesenheit des anderen. Viele Tage vergingen, und Zabu und Luna lernten sich besser kennen. Zabu begeisterte Luna mit seinen abenteuerlichen Geschichten, während Luna Zabu mit wundervollen Beschreibungen von fremden Küsten und wundersamen Tieren verblüffte.

Sie freuten sich über die Farbe des Himmels, wenn die Sonne unterging und über die spritzenden Wellen, wenn der Wind heftig blies. Prasselte der Regen auf das Meer nieder, vollführten sie Kunststücke, indem sie weit aus dem Wasser sprangen. War es sonnig und ruhig, schwebten sie nebeneinander an der Oberfläche und dösten vor sich hin.

Die sprechende Robbe

Nichts schien ihr Glück stören zu können. Aber mit jedem Schlag ihrer Schwanzflossen näherten sie sich unaufhaltsam einem drohenden Unheil. Zabu und Luna hatten ein Gebiet erreicht, wo es kaum Fische gab, von denen sie sich ernähren konnten. Die gemeinsame Jagd brachte immer seltener Erfolg. Zabu und Luna verstanden die Welt nicht mehr. Es dauerte nicht lange, da knurrte den beiden Schwertwalen der Magen.

Weil es so wenig kleine Fische gab, waren auch die großen Raubfische regelrecht ausgehungert. Von Weitem hörten sie schon das ängstliche Quieken einer Robbe, die in Panik vor einem Barrakuda floh. Nur ihrer Wendigkeit hatte sie es zu verdanken, dass sie der schnelle Raubfisch mit seinen scharfen Zähnen noch nicht erwischt hatte. Die leichtsinnige Robbe hatte sich zu weit vom Ufer entfernt und fand nun keinen Schutz vor dem jagenden Barrakuda.

In ihrer Panik schoss sie auf die beiden Schwertwale zu und zwängte ihren Körper zwischen Luna und Zabu. Die Schwertwale waren sehr verblüfft über die verzweifelte Tat der Robbe. Aber sie gewährten ihr Schutz, und so tauchte der Barrakuda ohne Beute zurück in die Tiefe.

„Oh, isch donke eusch! Donke, donke!“, schnaufte die Robbe. Obwohl die Schwertwale durch den Hunger etwas gereizt waren, fanden sie die Sprache der Robbe sehr lustig. „Ich wusste gar nicht, dass ich eine Robbe verstehen kann“, bemerkte Zabu. Auch Luna war sehr überrascht. „Isch hobe holt gut aufgeposst und dö Sprache der Wole gelörnt.“ Die Robbe dehnte jedes einzelne Wort, wodurch ihre seltsame Sprache noch witziger klang. Die Schwertwale konnten sich gerade noch beherrschen, um nicht laut loszulachen. Sie wollten nicht unhöflich erscheinen.

„Toll, wie du das machst, Robbe. Hast du auch einen Namen?“, fragte Zabu. Die Robbe überlegte kurz, um die richtigen Worte zu finden: „Min Nome ischt Oorl, ond wie hoscht ihr?“ Zabu und Luna stellten sich ebenfalls vor. Sie fragten Oorl, warum es in diesem Gebiet keine Fische gab. „Wir haben schrecklichen Hunger!“ stöhnte Luna.

Oorl schimpfte über die Menschen und erklärte den Schwertwalen, was geschehen war: „Sö hoben olles weggeföscht. De Mönschen sind so dömm! Ober woil ihr mi gehölft hobt, föhre ich öch zu mön Vestöck. Dort wördet ör satt!“ Zabu und Luna waren erstaunt. Ein Versteck, wo es noch Beute gab? Zu schön, um wahr zu sein. Ihre Mägen knurrten und bei dem

Gedanken an Fisch lief ihnen das Wasser im Maul zusammen.

Oorl schwamm voran. Die Schwertwale folgten ihm dicht auf. Bald erreichten sie ein langes Riff, das knapp unter der Wasseroberfläche vor der Küste lag. Es schien kilometerlang zu sein. Die schroffen scharfkantigen Felsen hatten nichts von dem prachtvollen bunten Korallenriff, das Zabu zusammen mit Jasch bewundert hatte. Das Riff war Furcht einflößend. An manchen Stellen ragte es bis knapp unter die Wasseroberfläche, so dass sich die Wellen daran brachen und die Gischt meterhoch empor spritzte.

Aber die Schwertwale vertrauten Oorl und folgten ihm. Der schwamm zielstrebig auf eine bestimmte Stelle zu. Auch hier kamen sie dem Riff gefährlich nahe. Die großen Wale konzentrierten sich auf jede ihrer Bewegungen. Nur mit äußerster Vorsicht konnten sie über die schroffen Felsen hinwegschwimmen. „Ofpassen, blobt discht hinte mür", mahnte die Robbe. Schließlich erreichten die drei wieder tiefes Wasser. Sie waren froh, dass alles gut gegangen war. Ein spitzer Felsen kann die Haut aufreißen und sogar tödliche Verletzungen zufügen.

Als sich Zabu und Luna langsam wieder entspannten, sahen sie zahlreiche Fische um sich herum. Ohne zu zögern stürzten sie sich auf die Beute und fraßen sich satt. Zunächst sah Oorl abwartend zu. Nach einer Weile wurde er jedoch immer nervöser und schließlich rief er den Schwertwalen zu, allmählich mit der Fresserei aufzuhören. „Lascht mör noch wos öbrig!“, bat er die Wale. „Wir sind dir sehr dankbar!“ erwiderte Zabu schmatzend. „Das war köstlich!“, schwärmte Luna, die ebenfalls noch den letzten Bissen im Maul hatte.

Zabu sah sich um: „Kein Wunder, dass hier noch so viele Fische sind. Die Menschen können mit ihren Fischerbooten nicht über das Riff. So ein Glück, dass sie diese Stelle noch nicht vom Land aus entdeckt haben. Jetzt hast du uns reichlich für unsere Hilfe belohnt, Oorl. Bevor wir wieder Hunger bekommen, werden wir losziehen. Hoffentlich erreichen wir dann bald wieder ein Gebiet, wo es genügend Fische gibt."

Nachdem die Robbe die beiden Schwertwale sicher über das Riff geleitet hatte, verabschiedete sich Oorl von Luna und Zabu: „Schwömmt weitö noch Nordön, do wörds bösser! Auf wiedersöhen!" Oorl reckte seinen Hals in die Luft, um die Schwertwale besser sehen zu können, als sie sich zum Abschied weit aus dem Wasser erhoben.

Schnell wie der Wind

Zabu und Luna waren satt und zufrieden. Sie hatten neue Kraft und kamen zügig voran. Es dauerte nur einen Tag, dann wurde der Fischreichtum wieder größer. Nun brauchten sie nicht mehr hungern. Manchmal versuchten sie, die Sprache von Oorl nachzuahmen und mussten jedes Mal herzhaft lachen.

Die beiden Schwertwale schwammen weiter nach Norden. Die Wassertemperatur sank von Stunde zu Stunde. Weit aus der Ferne hörten sie die Töne von kleinen Walen. „Kennst du diese Wale?", fragte Luna den erfahrenen Zabu. „Es müssen Schweinswale sein. Welche Art, weiß ich aber nicht. Lass uns doch hinschwimmen!". Neugierig näherten sie sich den kleineren Walen. Es waren drei Tiere, die heftig miteinander stritten.

„Bimm ist schneller als du", fauchte der eine. „Awan ist bestimmt schneller!", bemerkte ein anderer. „Stimmt nicht, Ikon ist schneller!“, erwiderte der dritte. „Nein, ich bin schneller!“ „Quatsch!“ „Doch!“ „Blödsinn, natürlich bin ich schneller!“ „Wetten nicht!“ „Wetten doch!“ „Du hast ja keine Ahnung!“ „Hab ich doch!“ Die drei Schweinswale bemerkten die herannahenden Schwertwale zunächst nicht. Zabu und Luna amüsierten sich über die keifenden Schweinswale. Bimm, Awan und Ikon stritten unentwegt weiter, bis Zabu mit einem Vorschlag auf sich aufmerksam machte: „Warum veranstaltet ihr nicht einfach ein Wettschwimmen?“ Die Schweinswale verstummten und machten große Augen. Luna wusste nicht, ob sie im nächsten Moment die Flucht ergreifen würden. Aber anstatt zu fliehen, redeten sie erneut aufeinander ein. „Ich mache zuerst den Schiedsrichter, ihr schwimmt!“ „Wir schwimmen alle!“ „Ich schwimme zuerst!“ „Awan soll aber mit mir schwimmen!“ „Aber ich will nicht mit Ikon schwimmen!“ „Du bist ja blöd!“ „Stimmt nicht!“ „Stimmt doch!“ „Selber blöd!“

„Schluss jetzt!“, fauchte Zabu dazwischen, „Ihr schwimmt alle zusammen, und wir sind die Schiedsrichter. Meine Freundin Luna geht an den Start und achtet darauf, dass ihr gleichzeitig losschwimmt, und bei mir ist das Ziel. Also los, folgt Luna!“ Die Schweinswale schwammen Luna hinterher und warfen sich dabei unentwegt die übelsten Schimpfwörter an den Kopf. Das nervte Luna und sie herrschte die drei kleineren Wale an, Ruhe zu geben: „Haltet endlich den Mund!“ Die Wale verstummten für einen Moment. Aber dann ging es gleich wieder los. Inzwischen hatten alle ihre Position erreicht und waren für das Wettschwimmen bereit. Luna gab schließlich das Signal, und Ikon, Awan und Bimm sausten los.

Zabu und Luna trauten kaum ihren Augen. Schnell wie der Wind schossen die drei Wale durch das Wasser. „Ja Wahnsinn“, dachten die beiden Schwertwale. Die Schweinswale bewegten ihre Schwanzflosse mit einer ungeheuren Geschwindigkeit auf und ab. Wenn sie kurz Luft holten, gab es eine kleine Welle vor ihren Köpfen. Ihre Atmung war so schnell, dass keine Blaswolke zu sehen war. So preschten sie auf Zabu zu. Fasziniert sah er die heranhetzenden Wale näher kommen. Zabu konnte

es einfach nicht glauben. Sie waren wahnsinnig schnell. Fast gleichzeitig sausten sie an Zabu vorbei.

„Wer war Erster?“ brüllten sie wie aus einem Mund, noch bevor sie zu Zabu zurückgekehrt waren. Zabu zeigte auf den Ersten, den

Zweiten und den Dritten: „Es war aber ganz knapp!“ Für einen kurzen Moment war Stille. Awan begann als Erster zu schimpfen: „Ikon kann nicht Erster sein, das habe ich gesehen!“ „Awan, du aber auch nicht. Ich habe ja mit dem Schwanz deine Brustflosse berührt.“ „Du spinnst wohl!“ „Aber sicher!“ „Ich war bestimmt Erster!“ „Bimm war ganz klar Letzter!“ „Das träumst du wohl!“ „Selber Träumer!“ „Ich hab’s doch genau gesehen!“ „Was hast du gesehen?“ „Nichts hat er gesehen. Awan, du blinde Nuss!“ „Selber blind!“

Luna war inzwischen herangeschwommen und verdrehte die Augen. „Nicht schon wieder! Zabu, lass uns von hier verschwinden. Die drei sind ja nicht zum Aushalten.“ „Da sagst du was. Aber hast du gesehen, wie schnell die waren? Die hätten uns locker abgehängt. Beeindruckend!“ Luna stimmte zu. Zabu grübelte: „Und ich dachte, wir wären die schnellsten Wale.“ Luna lachte: „So schnell wie die waren, können es nur Dall-Hafenschweinswale sein. Diese Art Schweinswale ist sogar schneller als wir. Ich hatte die Berichte über ihre Geschwindigkeit immer für

Märchen gehalten. Aber jetzt?!"" „Dall… wie?" „Dall-Hafenschweinswale!" „Oh mein Gott. Dieser Name ist so umständlich wie die drei Chaoten. Das passt ja." Zabu lachte. Aber es war für ihn nicht nur ein lustiges Rennen gewesen, sondern auch eine neue Erfahrung. Seitdem er erwachsen war, hatte er keinen Wal getroffen, der schneller war als er selbst.

Von den drei Schweinswalen unbemerkt, entfernten sich Zabu und Luna. Sie schwammen wieder weiter nach Norden. Noch lange war das Gezeter von Ikon, Bimm und Awan zu hören.

Die Heimkehr

Nach einigen Tagen kamen sie in die Region, wo Zabus Familie zu Hause war. Sie lachten und kicherten, weil sie gerade wieder über die sprechende Robbe witzelten. „Psst, Luna", sagte Zabu mitten in einem Lachanfall, „Hör doch mal!" Luna war sofort still und lauschte in den tiefen Ozean hinein. Ein Pfeifen und Zischen war zu hören. Das waren eindeutig die Töne von Schwertwalen. „Sind sie das? Ist das deine Familie?", fragte Luna. An der Sprache konnte Zabu erkennen, um welche Schwertwalfamilie es sich handelte. „Nein, das sind nicht meine Verwandten. Es ist eine fremde Gruppe." Zabu und Luna schwammen weiter. Die Stimmen der anderen Schwertwale wurden leiser und waren irgendwann nicht mehr zu hören. In den folgenden Stunden vernahmen sie noch zweimal die Töne unbekannter Schwertwalgruppen. Einmal wurde Zabu unruhig. „Um diese Wale machen wir lieber einen Bogen. Die gehören zu den Fleischfressern.

Sie jagen auch Wale und Robben. Ich finde das gruselig. Man kann richtig Angst vor ihnen bekommen, wenn sie sich derart lautlos nähern, dass man sie erst im letzten Moment bemerkt. Die Fleischfresser jagen ganz anders als wir. Ihre Beute ist schlau und kann gut hören. Ich würde nie einen Wal oder eine Robbe fressen. Igitt! Das Gute daran ist, sie lassen uns die Fische übrig."

Die Stimmen, die sie als nächstes hörten, waren Zabu endlich vertraut. „Das ist zwar nicht meine Familie, aber diese Wale kenne ich!", rief er begeistert und erhöhte das Tempo. Kurz darauf erreichten sie die anderen Schwertwale. Zabu begrüßte jeden einzelnen. Luna fühlte sich zunächst nicht wohl. Neugierige Blicke trafen sie von allen Seiten. Doch dann wurde auch sie von den anderen Walen begrüßt. Höflich stellten sie sich der Reihe nach vor. Luna fühlte, dass die Freundlichkeit ehrlich gemeint war.

Nach einem kurzen Beisammensein zogen Zabu und Luna weiter. Sie steuerten eine große Bucht an. Schon von Weitem waren die Stimmen von 16 Walen zu hören. „Sind sie das jetzt?“, fragte Luna. „Ja“, antwortete Zabu, „ja, das sind sie. Ich freue mich ja so, alle wiederzusehen. Ich bin sicher, du wirst sie mögen und dich bei uns wohlfühlen.“ Mit kräftigen Auf- und Abwärtsbewegungen ihrer Schwanzflossen schwammen sie nebeneinander in die Bucht hinein, in der die Familienmitglieder von Zabu bereits undeutlich zu erkennen waren.

Wissenswertes über Wale

Wale sind keine Fische, Wale sind Säugetiere. Sie haben genauso warmes Blut wie Menschen. Damit Wale im Wasser nicht frieren, haben sie eine dicke Fettschicht (Blubber). Beim Grönlandwal wird sie 50 cm dick.

Wale müssen zum Atmen an die Wasseroberfläche. Sie atmen nicht wie Fische mit Kiemen, sondern mit einer Lunge. Beim Ausatmen pustet der Wal das Wasser hoch, das noch auf dem Blasloch ist. Zusammen mit dem Kondenswasser der warmen Atemluft entsteht eine Fontäne. Beim Blauwal wird diese Fontäne, der Blas, bis zu 9 Meter hoch.

Die Babys der Wale wachsen im Körper der Mutter heran und werden lebend, mit dem Schwanz voran, geboren. Sie müssen dann sofort auftauchen, um Luft zu holen. Die Walmutter stillt ihr Kind mehrere Jahre lang mit einer sehr fetthaltigen Milch. Typisch für Säugetiere bewegen die Wale ihren Körper auf und ab – und nicht wie Fische und Reptilien seitwärts. Das kann man besonders gut an der Schwanzflosse, der Fluke, sehen.

Man unterscheidet Bartenwale und Zahnwale. Zahnwale haben bis zu 252 Zähne und fressen meistens Fische oder Tintenfische. Eine Schwertwalgruppe, die Transients, jagt Robben und Delfine. Sie greifen sogar Großwale an. Es gibt über 70 verschiedene Zahnwalarten.
Die 11 Arten der Bartenwale haben eine besondere Fressmethode. Sie besitzen bis zu 4 m lange ausgefranste Hornplatten an ihrem Oberkiefer. Erst nehmen diese Wale Tonnen von Wasser in ihr riesiges Maul auf. Dann drücken sie es mit der Zunge durch die Barten hinaus. Die Beute bleibt wie bei einem Sieb hängen. Der größte Bartenwal, der Blauwal, frisst die kleinsten Tierchen im Meer, das tierische Plankton (Krill). Andere Bartenwale verschlingen auch kleinere Fischsorten.

Die Walarten aus dem Buch:

Schwertwal: Zahnwal, bis 9 m lang, „Schwert“ = Rückenflosse bis 2 m

Beluga: Zahnwal, (Weißwal), bis 5,5 m lang und 1,4 Tonnen schwer

Narwal: Zahnwal, bis 5 m lang, linker oberer Zahn bis 3 m lang

Grauwal: Bartenwal, bis 14 m lang, durchpflügt Schlamm nach Futter

Delfin: Zahnwal, bis 4 m lang, in allen Meeren zu finden

Dall-Hafenschweinswal:
Zahnwal, bis 2,3 m lang, bis zu 56 km/h schnell

Organisationen, die sich zum Schutz der Wale einsetzen:

GRD
Gesellschaft zur Rettung der Delphine e.V.
Kornwegstr. 37
81375 München
www.delphinschutz.org

GSM
Gesellschaft z. Schutz d. Meeressäugetiere e.V.
Kieler Straße 2
25451 Quickborn
www.gsm-ev.de

Greenpeace e.V.
Große Elbstraße 39
22767 Hamburg
www.greenpeace.de

Adoption eines Buckelwals in den USA

International Wildlife Coalition
Whale Adoption Project
70 East Falmouth Highway
East Falmouth
MA 02536
USA

Bücher über Wale

„Das Wale-Kinder-Buch", Cynthia D'Vincent, Findling Verlag, ab 6 Jahre

„Wale – Giganten der Meere", Greenpeace-Buch, Elisabeth Lemke, Jean C. Rocke, Kosmos Verlag, ab 10 Jahre

„Wale und Delfine. Die 64 wichtigsten Arten", Rüdiger Wandrey, Kosmos Verlag, ab 12 Jahre